The Cat in the Backyard

Written by

Dorothy Lajeune-Narcisse

Translated in Haitian Creole by
Dorothy Lajeune-Narcisse

the cat in the backyard

A Dorothy Lajeune-Narcisse Book

hempstead, new york

new books coming soon

Shadow the Black Cat
by Dorothy Lajeune-Narcisse and Jamie Lee Narcisse

Shadow the Black Cat Looking for His Sister
by Dorothy Lajeune-Narcisse and Jamie Lee Narcisse

nouvo liv vini byento

Shadow Chat Nwa a
pa Dorothy Lajeune-Narcisse ak Jamie Lee Narcisse

Shadow Chat Nwa a Kap Chèche Sè li
pa Dorothy Lajeune-Narcisse ak Jamie Lee Narcisse

This book is dedicated to my three awesome children, my world, Daniel aka DJ McLovin, Jaydan & Jamie Lee Narcisse

Liv sa a dedye a twa timoun fantastik mwen yo, mond mwen an, Daniel aka DJ McLovin, Jaydan ak Jamie Lee Narcisse.

the cat in the backyard

OUR BACKYARD

Lakou nou an

the cat in the backyard

Mommy
Daddy
Daniel
Jaydan
Jamie Lee

Dorothy Lajeune-Narcisse

Photograph taken by: Dorothy Lajeune-Narcisse

The Cat in the Backyard   *Chat nan lakou a*

We live in a beautiful home, my family and I, and the only thing we thought was missing was a fence.

Once my Mommy had the fence put up, and my Daddy had the grass turned into a black top, the backyard looked empty when I would look outside my bedroom window.

Nou rete nan yon bèl kay, mwen menm ak fanmi mwen, e sèl bagay nou te panse te manke se yon kloti.
Yon fwa ke manman m te fè kloti a monte, epi papa m te fè zèb la tounen yon tèt nwa, lakou a te parèt vid lè m t ap gade deyò fenèt chanm mwen an.

My Mommy
{Manman Mwen}

Dorothy Lajeune-Narcisse

Photograph taken by: Dorothy Lajeune-Narcisse

My Mommy decided to put a gazebo together. I would see my Mommy every night putting as many pieces as possible together. My Mommy said, "A gazebo would be nice to have in the backyard."

Manman mwen deside mete yon gazebo ansanm. Mwen wè Manman mwen chak swa mete plis moso ke posib ansanm. Manman mwen an te di, "Yon gazebo ta bon pou gen nan lakou a."

Dorothy Lajeune-Narcisse

Photograph taken by: Dorothy Lajeune-Narcisse

One morning, I woke up and when I looked outside my window, I had a huge smile after seeing my Mommy had finished her beautiful gazebo. She did not only finish the gazebo, but I have no idea where all this furniture came from.

Yon maten, mwen leve epi lè mwen gade deyò fenèt mwen an, mwen te gen yon gwo souri apre mwen wè Manman mwen an te fini bèl gazebo li. Li pa t 'sèlman fini Gazebo a, men mwen pa gen okenn lide ki kote tout mèb sa a soti.

The backyard looked so different, so pretty, and no longer empty. The backyard looked like a mini living room. Mommy had curtains up, candles around, and the chairs were in her favorite color. She even had some plants and she blew out all the leaves on the ground.

Lakou a te sanble tèlman diferan, tèlman bèl, epi li pa vid ankò. Lakou a te sanble ak yon ti chanm k ap viv. Manman'm te gen rido leve, bouji alantou, ak chèz yo te nan koulè li pi renmen. Li menm te gen kèk plant epi li soufle tout fèy yo sou tè a.

Dorothy Lajeune-Narcisse

Photograph taken by: Dorothy Lajeune-Narcisse

My baby God Sister would come over and for some reason, she would enjoy her naps in her cute pink stroller. My Mommy would say maybe the cool breeze, and the birds singing sometime would put her to sleep.

Le Sè de Batem'm vin vizite nou ak rezon, li renmen ti dòmi'l nan bèl pousèt woz li. Manman mwen di petèt briz la fre, ak zwazo yo chante yon lè ta mete'l nan dòmi.

The Cat in the Backyard   ***Chat nan lakou a***

I told Mommy, "like you fall asleep, Mommy." Mommy said, that is right baby girl, and I should try it sometimes. She hugged me, and I said, I will Mommy, I will, and we continued to smile and hug each other.

Mwen di Manman'm, "mem jan ke ou dòmi, Manman." Manman'm di'm, oui pitit fi'm, e mwen ta dwe eseye li pafwa. Li te anbrase mwen, epi mwen di, Manman'm mwen pral esaye, epi nou te kontinye souri ak anbrase youn ak lòt.

Dorothy Lajeune-Narcisse

Photograph taken by: Dorothy Lajeune-Narcisse

My bedroom window faces my backyard, where I am able to see my Mommy's beautiful gazebo that she set up as one of her getaway relaxing spots. My Mommy allows me to use it for myself or when I have friends over, or when my brothers, myself, Daddy, and Mommy watch a movie or play games.

Fenèt chanm mwen an fè fas ak lakou mwen an, kote mwen kapab wè bèl gazebo Manman mwen an ke li te mete kòm youn nan kote pou detann li. Manman mwen pèmèt mwen sèvi ak li pou tèt mwen oswa lè mwen gen zanmi ki vini sou, oswa lè frè m ', mwen menm, papi, ak Manman'm gade yon fim oswa jwe jwèt.

My Mommy loves it when the black top is clean, with no leaves falling, or snow. My Mommy loved having her plants, and candles for the mosquitoes, if needed.

Manman mwen renmen li lè tèt nwa a pwòp, san fèy pa tonbe, oswa nèj. Manman mwen te renmen gen plant li yo, ak bouji pou moustik yo, si sa nesesè.

Dorothy Lajeune-Narcisse

As we slept
Pandan nap domi

TRAGEDY

Trajedi

Photograph taken by: Dorothy Lajeune-Narcisse

One evening, I was asleep when a tragedy happened, a fire started. Luckily, my Mommy woke up just in time and screamed to my big brother Jaydan in the living room saying, "FIRE IN THE BACKYARD, FIRE IN THE BACKYARD."

Yon aswè, mwen te dòmi lè yon trajedi te rive, yon dife te kòmanse. Erezman, manman'm te leve jis alè epi li te kriye bay gran frè'm nan Jaydan nan salon an, li di: "DIFE NAN LAKOU A, DIFE NAN LAKOU A."

Jaydan quickly ran outside, grabbed the hose, and started putting out the fire. My Mommy called 911, and Jaydan had put the fire out all by himself by the time the firefighters showed up. All of that happened, while I was asleep.

Jaydan kouri byen vit deyò, li te pwan kawotchou a, epi li te kòmanse etenn dife a. Manman mwen te rele 911, epi Jaydan te genta etenn dife a pou kont li, le mesye ponpye yo te parèt. Tout bagay sa yo te rive, pandan mwen tap dòmi.

Dorothy Lajeune-Narcisse

Photograph taken by: Dorothy Lajeune-Narcisse

The next morning, my Mommy was so sad and disappointed but grateful that none of us were hurt and our house was still standing. My Mommy came into my room and hugged me and said everything was going to be okay, and for me not to worry.

Nan demen maten, Manman mwen an te tèlman tris ak desi, men li te rekonesan ke okenn nan nou pa te blese epi kay nou an te toujou kanpe. Manman mwen te antre nan chanm mwen an, li te anbrase m epi li te di tout bagay pral anfòm, e pou m pa enkyete.

We sat on my bed and continued looking outside my window. Mommy said the gazebo could be replaced but not me.

Nou te chita sou kabann mwen epi nou kontinye gade deyò fenèt mwen an. Manmi di gazebo a ka ranplase men pa mwen.

Mommy was happy that nothing happened to us, and we could replace the gazebo, and any plants that did not make it, can all be replaced too.

Manman nou te kontan ke pa gen anyen ki rive nou, epi nou te kapab ranplase gazebo a, ak nenpòt plant ki pa t 'fè li, tout ka ranplase tou.

Dorothy Lajeune-Narcisse

Photograph taken by: Dorothy Lajeune-Narcisse

Whichever plants survived, Mommy placed them on top of the area where the fire burned the blacktop. Just like that, I noticed a cat lying down on the red cushion.

Kèlkeswa plant ki te siviv, Manman'm te mete yo anlè zòn kote dife a te boule nwaj la. Jis konsa, mwen remake yon chat kouche sou kousen wouj la.

The Cat in the Backyard   *Chat nan lakou a*

quickly ran to my parents and asked them if I could have a cat as a pet. I explained to them how I woke up and opened my curtains and saw a cat sleeping on the red cushion.

Mwen kouri vit al jwenn paran mwen epi mwen mande yo si mwen te ka gen yon chat kòm yon bèt kay. Mwen te esplike yo kijan mwen te leve, mwen ouvri rido mwen yo epi mwen te wè yon chat ap dòmi sou kousen wouj la.

I grabbed their hands and pulled them to my bedroom so they could see how adorable this cat was. The cat was still sleeping peacefully, and I told my parents not to tap on the window. I asked if it was okay for me to have a cat, and I would not let him sleep outside anymore.

Mwen te pwan men yo epi rale yo nan chanm mwen an pou yo te ka wè jan chat sa a te adorabl. Chat la te toujou ap dòmi anpè, epi mwen te di paran mwen pa tape sou fenèt la. Mwen te mande si li te oke pou m 'gen yon chat, epi mwen pa ta kite l' dòmi deyò ankò.

Dorothy Lajeune-Narcisse

Photograph taken by: Dorothy Lajeune-Narcisse

The cat looked so cold; he looked like he could use some heat. The cat can sleep with me on my bed, where I can snuggle with him, and just do everything with him.

chat la te sanble frèt; li te sanble li te kapab itilize kèk chalè. Chat la ka dòmi avè'm 'sou kabann mwen, kote mwen ka snuggle avè l', epi jis fè tout bagay avè'l .

I jumped up and down, hugging my Daddy and saying, "Can I keep him? Can I keep him? Please!!!"

Mwen te monte desann, m te anbrase papi'm epi mwen te di: "Èske'm ka kenbe'l? Èske mwen ka kenbe'l? Tanpri!!!"

Dorothy Lajeune-Narcisse

Photograph taken by: Dorothy Lajeune-Narcisse

The next morning, I rushed to my window to see the cat, to my surprise, I did not see just one cat, but I saw two cats. Each cat took a red cushion to lay on.

Nan denmen maten, mwen kouri nan fenèt mwen an wè chat la, ak sipriz mwen, mwen pat 'wè yon sèl chat, men mwen te wè de chat. Chak chat te pran yon kousen wouj pou yo kouche.

I ran to the breakfast table and said, "Guess what? Guess what?"

Mwen kouri al sou tab manje maten an epi mwen di, "Devine kisa? Devine kisa?"

"We have two cats now in our backyard. Can we please keep both? Can we? Ohhhh pleeeeaaaase!!!!!"

"Nou gen de chat kounye a nan lakou nou an. Èske nou ka kenbe tou de tanpri? Èske nou ka? Ohhhh tanpriiiiiiiiii!!!!!"

Dorothy Lajeune-Narcisse

Photograph taken by: Dorothy Lajeune-Narcisse

"**M**ommy, Daddy, can we? Daniel and Jaydan will help me take care of them."
"Manmi, Papi, nou ka? Daniel ak Jaydan ap ede'm pran swen yo."

Jaydan says, "Let me see these cats," and heads outside.
Jaydan di, "Kite m 'wè chat sa yo," epi li ale deyò.

quickly said, "Come on Daniel, Mommy, Daddy, let's go see the cats with Jaydan."
Mwen te byen vit di: "Vini non Daniel, Manman, papi, ann al wè chat yo ak Jaydan."

We went to the backyard slowly and quietly, so we wouldn't scare them off, both cats woke up lifted their heads, and saw all of us. They did not run away.
Nou te ale nan lakou a tou dousman ak tou dousman, pou nou pa ta fè yo pè, tou de chat leve leve tèt yo, epi yo wè nou tout. Yo pat kouri.

As we stood looking at the cats while they looked at us, my daddy told us, "If you guys can blow all the leaves out, clean up, and the cats return, then we shall see."
Pandan nou te kanpe gade chat yo pandan yo tap gade nou, papa m te di nou: "Si nou ka soufle tout fèy yo, netwaye, epi chat yo retounen, lè sa a nou pral wè."

Dorothy Lajeune-Narcisse

Photograph taken by: Dorothy Lajeune-Narcisse

My brothers helped me clean the backyard; it was fun cleaning with them. I was hoping to see the cats while we were cleaning but not one cat showed up. 😦

Frè'm yo te ede'm netwaye lakou a; se te plezi'm ke mwen te netwaye avèk yo. Mwen te espere wè chat yo pandan nou tap netwaye men pa gen yon sèl chat parèt. 😦

Can You Find The Cat?
Èske ou ka jwenn chat la?

Dorothy Lajeune-Narcisse

Photograph taken by: Dorothy Lajeune-Narcisse

When I woke up the next day, of course, I went straight to my bedroom window to see if any of the cats showed up and I was very happy to say that one of the cats returned. I ran to everyone and said, "THE CAT IS BACK, THE CAT IS BACK," and they all came into my room to look out my bedroom window.

Lè m te leve nan demen, nan kou, mwen te ale tou dwat nan fenèt chanm mwen an pou wè si nenpòt nan chat yo te parèt epi mwen te trè kontan di ke youn nan chat yo te retounen. Mwen kouri al jwenn tout moun epi mwen di: "CHAT LA TOUNEN, CHAT LA TOUNEN", epi yo tout antre nan chanm mwen an pou yo gade nan fenèt chanm mwen an.

I asked everyone to join me in the backyard. They all followed me, and we all stood quietly while the cat lifted his head looking at us as we looked at him. Then we looked at Dad and he said, "I guess we have ourselves a backyard cat."

Mwen te mande tout moun vin jwenn mwen nan lakou a. Yo tout te swiv mwen, epi nou tout te kanpe trankil pandan chat la leve tèt li gade nou pandan nap gade'l. Lè sa a, nou te gade papi epi li di, "Mwen devine nou gen yon chat lakou dèyè."

Dorothy Lajeune-Narcisse

Then we all smiled and hugged each other. ☺ After seeing the cat, I asked my Daddy and brothers if we could surprise Mommy with a new gazebo, and they all agreed.

Lè sa a, nou tout te souri ak anbrase youn ak lòt. ☺ Apre m fin wè chat la, mwen mande papa'm ak frè'm yo si nou ka fe Manman yon sipriz ak yon nouvo gazebo, epi yo tout dakò.

Dorothy Lajeune-Narcisse

OUR NEW GAZEBO
NOUVO GAZEBO NOU AN

Photograph taken by: Dorothy Lajeune-Narcisse

the end.

fen an.

Dorothy Lajeune-Narcisse

Born April 6, in Brooklyn New York, and
raised in Haiti, Dorothy has two older sisters, one older
brother, and a younger brother.
She is a mother of three: two boys and a girl.

She is an Attendance Teacher with the Board of
Education. She is also an ABA and always worked with
special needs children of all ages. She is also completing
her Doctorate and is an Omega Nu Lambda National
Honor Society member. All while being a licensed
marriage officiant in the state of New York.

Her children are her biggest cheerleaders. When she
reads whether it's to her children, her loved ones, her
neighbor's kids, or students, "I enjoy it. I love to see their
facial expression and the way they answer the questions
about the reading."

"I said to myself, why not write my own".